In Erinnerung an meinen Vater,
den Geologen

Dr. Kurt Genieser

(1909 – 1970)

Annrose Niem

Hat
das Delphische Orakel
den Lyderkönig Krösus falsch beraten?

Ein Vortrag im Stadtmuseum Quakenbrück
(14. Januar 2015)

Vorwort

Zum 7. Mal führte Frau Dr. Annrose Niem eine große und interessierte Zuhörerschaft des Fördervereins Stadtmuseum in die antike Welt. Diesmal ging es um die bedeutendste Kultstätte der griechisch-römischen Antike.

Natürlich lassen sich auch in diesem Vortrag nicht alle Geheimnisse um das Delphische Orakel lösen, das vom zweiten vorchristlichen Jahrtausend bis in die Römerzeit von unendlich vielen Ratsuchenden aus dem gesamten Mittelmeerraum aufgesucht wurde. Aber der Zuhörer – und sicher auch der Leser dieser Veröffentlichung – spürt etwas von der Atmosphäre einer lange zurückliegenden, interessanten Epoche.

Frau Dr. Niem beginnt mit ihrem eigenen Delphi-Erlebnis in der Studentenzeit, und man spürt ihre Faszination, die sie eindrucksvoll weitervermittelt. Literarische Zeugnisse über Delphi gibt es bereits seit dem frühen ersten Jahrtausend v.Chr. Sie werden zu einem großen Teil durch die Ergebnisse archäologischer Grabungen gestützt.

Vertreter verschiedenster Wissenschaften haben sich mit den zahlreichen Problemen um die Orakelstätte befasst. Sie konnten zwar viele Fragen beantworten. Aber vieles blieb auch vage und unbestimmt. Die wichtigsten Ergebnisse werden mit all ihren Vorbehalten in anschaulicher Form zusammengefasst und dem Leser vorgestellt.

Ungeklärt ist z.B. bis heute, ob der Ratsuchende die Pythia, während sie weissagte, sehen konnte oder ob er sie nur hinter einer Wand hörte. Stiegen wirklich Dämpfe aus einer Erdspalte auf, über der sie auf dem markanten Dreifuß saß?

Viele Fragen bleiben also auch für den Leser offen, aber er wird mitgenommen in die antike Welt und ihre Geheimnisse, und sicher könnte es für ihn ein Anreiz sein, diese weltberühmte Kultstätte einmal persönlich in Augenschein zu nehmen.

Ein großer Dank gilt Frau Dr. Niem für diese Präsentation; die Leser warten schon mit Spannung auf die nächste Darbietung in der kommenden Saison.

Quakenbrück, im Januar 2015

Stadtmuseum Quakenbrück
Heinrich Böning

Lassen Sie mich meinen heutigen Vortrag mit meinem persönlichen Delphi-Erlebnis beginnen:

1960 besuchte ich in Griechenland meinen Vater, der dort als Geologe arbeitete und auch mir eine Griechenlandreise ermöglichen wollte, damit ich als Studentin der klassischen Philologie auch die antiken Stätten kennenlernen könnte. Es wurde für mich ein sechswöchiger Aufenthalt in diesem schönen Land, von dem ich noch heute träume. Im Vorfeld erweiterte ich zwar meine Neugriechischkenntnisse, bereitete mich aber leider kaum auf das vor, was ich dort zu sehen bekommen würde.

Nachdem ich die drei ersten Wochen in Nordgriechenland verbracht und meinem Vater bei mancher Gelegenheit als Dolmetscherin gedient hatte, fuhr ich in der zweiten Hälfte meines Aufenthalts nach Athen. Dorthin begleitete mich auch mein Vater für fünf Tage; zusammen unternahmen wir von dort aus eine touristisch organisierte Tagesfahrt nach Delphi; denn wir dachten, dass man den Ort, an dem das berühmte Orakel beheimatet war, doch einmal gesehen haben müsse. Als wir dort angekommen waren, machten wir einen mehr oder weniger geführten Rundgang durch die antike Tempelanlage. Darauf wurde die Gruppe gleich zum Mittagessen geführt. (Das Essen war nicht einmal landestypisch, sondern bestand aus Schnitzel, Erbsen-Möhren-Gemüse und Beilage.) Gleich danach war dann die Rückfahrt vorgesehen.

Mich hatte an meinem Studium immer nur das Sprachliche fasziniert, die Betrachtung „antiker Trümmerfelder" hatte ich bis dahin nur als ein notwendiges Übel angesehen. Doch jetzt kannte ich mich selbst nicht mehr wieder: Ich schlang mein Essen herunter und machte mich allein auf zum Theater, um von seinen obersten Stufen aus wenigstens einen kleinen Überblick über die großartige Landschaft und das in sie eingebettete berühmte Apollonheiligtum zu bekommen. Die gigantische Landschaft, in die sich der heilige Bezirk so gut einpasste, beeindruckte mich nachhaltig: Adler kreisten hoch oben in der Luft, fernes Donnergrollen hinter den hohen Bergen unterstrich die Erhabenheit der Landschaft und ließ die Götter wirklich nahe erscheinen. Doch die Faszination dauerte nicht lange: Der Reiseleiter befahl mir von unten durch energisches Winken, schleunigst zum abfahrbereiten Bus zu kommen. –

Neben diesem überwältigenden Gesamteindruck sind mir damals nur die Überreste folgender Bauten in Erinnerung geblieben: der Apollontempel, in dem die Orakelsprüche gegeben wurden, die Schatzhäuser, in denen man die Weihgeschenke der Ratsuchenden aus allen Teilen der Welt aufbewahrte, die Kastalische Quelle sowie der grazile Rundtempel, dessen Zweckbestimmung man nicht kennt und der geradezu zum Wahrzeichen Delphis geworden ist, und natürlich das Theater, auf dessen Stufen ich gesessen hatte.

Was dort in Trümmern, so eindrucksvoll in die Landschaft eingebettet, vor mir lag, war einst eine bedeutende Pilger- und Festspielstadt gewesen, die viel zur Einheit des damals so zersplitterten Griechenland beigetragen hatte und sogar von den frühesten Geographen als Mittelpunkt der damals bekannten Welt angesehen worden war.

Wie war es dazu gekommen?

Ihre Berühmtheit und ihren Reichtum hatte die Stadt Delphi in erster Linie der Orakelstätte zu verdanken, die sich im Innersten des Apollontempels befand. Zu bestimmten Terminen, an denen das Orakel geöffnet war, begaben sich viele Menschen auf den meist langen und beschwerlichen Weg in die Stadt, die auf einem ca. 550 Meter hohen Plateau lag und an drei Seiten von hohen Gebirgen umschlossen war. Sie kamen zu Pferde, in Kutschen, zu Schiff oder auch zu Fuß, um den Gott Apollon um Rat zu fragen, neben Privatpersonen auch ganze Abordnungen, die von Herrschern gesandt worden waren. Sie kamen nicht nur aus dem griechischen, sondern auch aus dem nichtgriechischen Raum.

Wer alles dort gewesen war, konnte man noch viele Jahrhunderte später an den zahlreichen kostbaren mit Widmungen versehenen Weihgeschenken sehen, die von den Ratsuchenden zum Dank aufgestellt worden waren und entweder den Weg zum Heiligtum säumten oder in den zahlreichen Schatzhäusern aufbewahrt wurden, die dankbare Städte errichtet hatten.

So viel zur Schau gestellter Reichtum erregte natürlich auch Neid. Delphi wurde z.B. in vier sogenannte Heilige Kriege verwickelt. Daher war es wichtig, dass die Stadt von einem kultisch-politischen Verbund, der aus zwölf angrenzenden griechischen Städten bestand, geschützt wurde. Diesen Verbund nannte man Amphiktionie (= Bund der ringsherum Angrenzenden). Er beschützte die Stadt nicht nur, sondern förderte und unterstützte sie auch finanziell. Denn zur Erhaltung und Instandsetzung des Heiligtums war viel Kapital erforderlich. Wenn die Baukosten sehr hoch waren – wie z.B. nach einem Brand des Tempels im Jahre 548/7 –, wurden von der Stadt Delphi, die zu einem Viertel an den Kosten beteiligt war, Sammlungen veranstaltet. Zu den Spendern hatten z.B. auch der ägyptische Pharao Amasis und der sprichwörtlich reiche Lyderkönig Kroisos (Krösus) gehört. Von ihm werden Sie im Folgenden noch hören.

9

Dadurch dass Delphi von der Amphiktionie geschützt und unterstützt wurde, war seine Unabhängigkeit gesichert. Das war besonders wichtig; denn vor das Orakel wurden nicht nur private und alltägliche Angelegenheiten gebracht, sondern ihm wurden auch viele politische Fragen gestellt, auf die man objektive Antworten erwartete.

Wie soll man sich nun vorstellen, dass Menschen einen Gott um Rat bitten, den dieser daraufhin auch erteilt – und das mehr als ein Jahrtausend hindurch an immer demselben Ort?

Was wir darüber wissen, beruht auf literarischen Zeugnissen, die es über das Delphische Orakel schon seit dem frühen ersten Jahrtausend vor Christus gibt. Sie sind meist mythischer Natur, werden aber zum großen Teil durch die Ergebnisse archäologischer Grabungen gestützt.

Schon dem ältesten griechischen Dichter Homer ist der Apollonkult und das mit ihm verbundene Orakel in Delphi bekannt. Es gibt kaum einen griechischen oder später auch römischen Dichter oder Schriftsteller, bei dem wir keine Hinweise darauf fänden. Ausführlichere Texte darüber sind uns von vier Autoren erhalten: Mit dem Werk des griechischen Geschichtsschreibers Herodot (5. Jh. v. Chr.) werde ich Sie im Folgenden noch bekannt machen. Der Lyriker Pindar schrieb im frühen 5. vorchristlichen Jahrhundert die Siegeslieder für die Preisträger bei den Pythien, den großen panhellenischen Festspielen, die im 6. Jahrhundert vor Christus in Delphi begründet wurden. Der Schriftsteller und Philosoph Plutarch, der im frühen 2. Jahrhundert nach Christus selbst Apollonpriester in Delphi gewesen ist, schrieb drei Abhandlungen über das Orakel, und in der

Mitte des 2. nachchristlichen Jahrhunderts verfasste Pausanias, den man den „antiken Baedeker" nennt, einen Reiseführer von Griechenland, in dem auch ein Rundgang durch das delphische Heiligtum enthalten ist.

Erst am Ende des 17. Jahrhunderts begann man nach Delphi zu suchen und tappte dabei vorerst völlig im Dunkeln; denn nach Schließung des Orakels unter Kaiser Theodosius (390 n.Chr.) war im 5. Jahrhundert über dem einstigen heiligen Bezirk eine Kleinstadt entstanden, die sogar zum Bischofssitz wurde. Die Gebäude wurden daraufhin zweckentfremdet (das Schatzhaus der Athener wurde z.B. zur Wechselstube). Später wurden sie sogar von Stein- und Erdlawinen begraben. Zahlreiche Bergstürze, die es in dieser Gegend schon in der Vorzeit gegeben hatte (12. Jh. v.Chr.; 730 und 373 v.Chr.), waren über dem Areal niedergegangen. Um 1870 verwüsteten die sogenannten phokischen Erdbeben das Land. Sie klangen erst nach drei Jahren ab. Auch während der Ausgrabungen, die in der Mitte des 19. Jahrhunderts zunächst von Deutschen und ab dem Ende des 19. Jahrhunderts von Franzosen geleitet wurden, zerstörten noch Felsstürze (1905 und 1935) das gerade wieder Aufgebaute. Außer durch diese Naturkatastrophen wurde Delphi auch durch Kriege, Überfälle, Brände und Plünderungen in Mitleidenschaft gezogen.

Das während der ersten Grabungen immer noch existierende Dorf Kastri – auch seine Bewohner hatten lange gegen die Ausgrabungen rebelliert – wurde 1891 geräumt und an weniger gefährdeter Stelle wieder aufgebaut. Als man dann endlich zu den Überresten der antiken Bauten vorgedrungen war, bestand die schwierige Aufgabe darin, sie den verschiedenen Bauepochen zuzuordnen; denn das Heiligtum war ja vom 2. vorchristlichen Jahrtausend bis in die Römerzeit hinein in Benutzung gewesen.

Nur wenige Orte sind wissenschaftlich so gründlich erforscht worden wie Delphi; und die an den Forschungen teilnehmenden Archäologen, Geologen, Philologen, Epigraphiker, Kunst- und Religionskritiker und andere haben viele Fragen beantworten können. Doch vieles blieb auch vage und unbestimmt. Ich habe mich hier für eine Version entscheiden müssen; andere wären auch denkbar:

Für die früheste Geschichte müssen wir zu großen Teilen auf mythische Berichte zurückgreifen; in den meisten Fällen werden sie jedoch durch archäologische Funde bestätigt. Schon im Homerischen Hymnus auf Apollon, den man ins 8. vorchristliche Jahrhundert datiert, wird von der Gründung des Orakels durch den Gott berichtet. Vorher soll sich an der Stelle des späteren Apollontempels ein Heiligtum der Erdgöttin Gaia befunden haben. Sie hatte ein aus ihr geborenes Untier namens Python zum Wächter darüber eingesetzt. Apollon besiegt und tötet dies Untier und übernimmt selbst die Herrschaft über das Heiligtum. Durch diesen Mythos wird ein „religionsgeschichtlicher Generationswechsel" (Maaß S.13) angedeutet: Die in mykenischer Zeit (13./12. Jh. v.Chr.) verehrte Muttergottheit Gaia wird durch die lichte Gestalt des Apollon ersetzt.
Apollon war ja nicht nur der unheilabwendende und reinigende Gott (Pfeil und Bogen), sondern hatte auch viele andere Funktionen. Er wurde z.B. auch als Anführer der Musen verehrt (Leier). So kam es auch, dass bei den im 6. Jahrhundert vor Christus in Delphi eingerichteten Pythischen Festspielen zuerst noch nicht sportliche Veranstaltungen im Mittelpunkt standen wie bei den Olym-

pischen Spielen, sondern ein Dichter- und Sängerwettstreit. Schließlich ging zur Zeit Platons auch die Funktion des Sonnengottes Helios auf Apollon über.

Das im Mythos über den Wechsel von Gaia zu Apollon Gesagte wird dadurch gestützt, dass man am Ort zahlreiche weibliche Terrakottastatuetten, sog. Idole, gefunden hat. Sie stellen die Erdgöttin Gaia dar; die in Delphi gefundenen Figuren sitzen auf einem dreifüßigen Thron mit Rückenlehne. Gefunden wurden sie in Schuttfüllungen, die für den Bau neuer Gebäude verwandt wurden. So haben sie ihren ursprünglichen zeitlichen Kontext verloren. Doch von gleichartigen Funden anderen Orts weiß man, dass sie in die mykenische Epoche gehören.

Aus dem Gründungsmythos kann man einerseits entnehmen, dass der Wechsel der beiden „Religionsepochen" gewaltsam herbeigeführt worden ist; andererseits wurde aber auch einiges aus dem Gaiakult in den Apollonkult übernommen. Folgende Reminiszenzen an diese Vorzeit kann man in Delphi finden:

- Der alte Name für Delphi lautete *Pytho*.
- Die Apollonpriesterin war die *Pythia*; sie gab den Ratsuchenden die Antworten, auf einem Dreifuß sitzend. Dass sie weiblich war, könnte auch dem Mutter-Erde-Kult zu verdanken sein. Der Dreifuß geht wahrscheinlich auf den erwähnten dreibeinigen Thron der Terrakottastatuetten zurück.
- Auch von *Pytho* abgeleitet nannten sich die panhellenischen Festspiele, die 6. Jahrhundert vor Christus offiziell in Delphi eingeführt wurden, *Pythien*.

- Schließlich glaubte man auch, aus einem Erdspalt aufsteigende Dämpfe mit der Erdgöttin in Verbindung bringen zu müssen. Doch dazu später mehr.

Die Überlieferung berichtet davon, dass der Gott nach der Tötung des Untiers nach Thessalien ins Tempetal gezogen sei, um sich dort von seiner Blutschuld zu reinigen. Das bedeutete, dass in der Folge die Reinigung von Blutschuld nicht mehr wie bis dahin durch Blutrache vonstattenging. Der Gott soll sich in Flüssen und Quellen des Tempetals gereinigt und danach eine neunjährige Verbannungszeit auf sich genommen haben. Moralische Reinheit wurde nun auch von einem Gott gefordert. Das mussten die vielen in Delphi um Rat Bittenden also auch für sich selbst akzeptieren.

Länger als 1000 Jahre blieb Apollon für Fragen und Riten der Reinigung (*Katharsis*) zuständig. Abordnungen aus vielen Städten suchten bei ihm Rat, wenn sie von Epidemien oder anderen Heimsuchungen befreit werden wollten; denn sie glaubten ja, darin eine göttliche Strafe zu sehen.

Der Apollontempel hat eine lange Baugeschichte:

Beim ersten Tempel soll es sich um eine Lorbeerhütte gehandelt haben, die der Gott selbst aus dem Tempetal nach Delphi getragen hatte. Auch diese mythische Erzählung birgt einen historischen Kern in sich: Sie ist ein Hinweis darauf, dass die Kultgemeinschaft der Amphiktionen zunächst in Thessalien ihren Sitz hatte und das Heiligtum in Delphi erst später übernahm.

Auch die beiden Folgebauten liegen noch im Bereich des Mythos. Erst der vierte Bau ist in Funden von Bauteilen fassbar. Zu ihm soll Apollon noch selbst den Grundstein gelegt haben. 548/47 v.Chr.

wurde er durch einen Brand zerstört. Später fanden schöne Einzelteile von ihm, die nicht mit verbrannt waren, als Abbruchmaterial in anderen Bauten Verwendung. Nach dem Brand wurde das gesamte Heiligtum völlig umgestaltet. Der neue Tempel wurde 373 v.Chr. durch einen Bergrutsch oder ein Erdbeben zerstört. Seine Reste wurden bei späteren Baumaßnahmen untergegraben.

Was jetzt noch in Delphi zu sehen ist, sind die Ruinen des sechsten Tempels. Er wurde zwischen 366 und 330 v.Chr. unter Beteiligung vieler griechischer Stadtstaaten zum letzten Mal als panhellenisches Symbol aufgebaut. An seinem Ostgiebel soll Apollon inmitten der Musen dargestellt gewesen sein. Den Westgiebel zierte Dionysos, der Gott des Weins, mit seinem ausgelassenen Gefolge. Das war ein Hinweis darauf, dass Apollon das Heiligtum in den Wintermonaten dem Gott Dionysos überließ, während er selbst bei den sagenhaften Hyperboreern im hohen Norden weilte.

Auch dieser letzte Tempel war – besonders auch in der Römerzeit – zahlreichen Unbilden ausgesetzt. Um 84 v.Chr. brannte er während des Einfalls eines Thrakerstammes nieder. Dabei erlosch zum ersten Mal – wie es heißt – das immerwährende Feuer. Später wurde er durch den römischen Kaiser Domitian wiederhergestellt. Am Ende muss dieser Bau mit Absicht und System zerstört worden sein; darin sind sich alle an den Grabungen Beteiligten einig. Ganz besonders von dieser Zerstörung betroffen war der Teil im Innern des Tempels, in dem das Orakel gelegen war. Man fand dort bei den Grabungen lediglich eine dicke Erdschicht mit Scherben aus mykenischer Zeit (2. Jahrtausend v.Chr.).

Obwohl im Laufe der Jahrhunderte unzählige Besucher das Orakel befragt und viele Schriftsteller darüber geschrieben haben, wissen wir nicht, wie die Befragung genau vonstattenging. Viele Forscher haben sich darüber Gedanken gemacht – mit unterschiedlichem Ergebnis. Ich werde Ihnen jetzt einen möglichen Ablauf schildern und dabei Ihr Augenmerk immer wieder auf die jeweiligen Probleme lenken.

Übereinstimmung herrscht darüber, dass das Orakel ursprünglich nur einmal im Jahr befragt werden durfte, nämlich am Geburtstag Apollons, dem 7. *Bysios* (März). Später wurde dann jeder Siebte eines Monats daraus, zu Zeiten großen Andrangs auch öfter. Im Winter blieb die Stätte wegen der Abwesenheit des Gottes geschlossen.

Bei mehreren Ratsuchenden war eine feste Reihenfolge zu beachten. Befrager und Pythia mussten sich vor der Zeremonie bestimmten Reinigungsriten unterziehen. In diesem Zusammenhang werden immer wieder die Namen zweier Quellen genannt: *Kastalia* und *Kassotis*. Die eine diente der rituellen Reinigung, die andere der Inspiration. Die inspirierende Quelle *Kassotis* soll sich ursprünglich direkt im Allerheiligsten des Tempels befunden haben. Bei den Grabungen konnte man sie aber nicht mehr dort nachweisen.

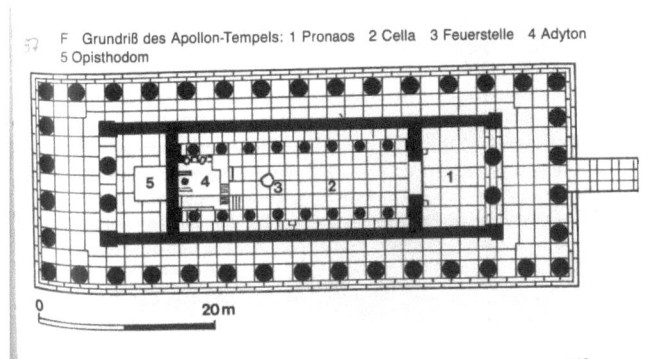

0   20 m

Grundriss des Apollontempels

Vor dem Betreten des Tempels wurde auf einem vor dem Eingang stehenden Altar geopfert. Das Opfer wurde für alle dargebracht, die am betreffenden Tag um Rat nachsuchen wollten; es wurde aus der Kasse des Heiligtums bestritten. Dann wurden die Ratsuchenden durch einen Priester in den Tempel geleitet. Dort waren zunächst die Orakelgebühren zu zahlen. Sie fielen verschieden hoch aus, wohl je nach Herkunft des Fragenden und nach der Art des Orakels. Es gab nämlich außer dem Spruchorakel auch ein Losorakel, bei dem es nur um ein Ja oder ein Nein ging.

In der Vorhalle des Tempels (*Pronaos*) standen an den Wänden Sprüche geschrieben, die man den Sieben Weisen oder auch anderen berühmten Philosophen zuschrieb. Der bekannteste von ihnen lautete: *Erkenne dich selbst!* Den Eintretenden sollte dadurch ein-

17

geschärft werden, dass sie nur Menschen sind und dem allwissenden Gott, vor den sie treten wollten, nicht ebenbürtig.

Im Tempel selbst erfolgte dann wieder ein Opfer – diesmal vom Befrager selbst finanziert. Es musste günstig verlaufen; anderenfalls war die Befragung nicht möglich. Opfertier war meist eine Ziege. Sie wurde am Anfang mit kaltem Wasser bespritzt. Zitterte sie, so war das Opfer genehm; anderenfalls wurde es abgebrochen.

Dann kam der große Augenblick, dass der Frager ins *Adyton*, in das Allerheiligste des Tempels, hinabsteigen durfte; es war wahrscheinlich tiefer gelegen als die übrigen Räume im Tempel. In ihm befanden sich unermesslich viele Schätze, von denen folgende als die wichtigsten galten:

- Der *Omphalos*, der Nabel der Welt:
  Delphi wurde ja in der Frühzeit als Mittelpunkt der Erde angesehen. Der Sage nach hatte Zeus von den zwei Enden der Erde zwei Adler starten lassen. Sie trafen sich an diesem Ort, dessen Wichtigkeit als Mittelpunkt dadurch besonders hervorgehoben wurde.

- Der heilige Lorbeer:
  Er war wahrscheinlich dort im tiefer gelegenen *Adyton* eingepflanzt. Er sollte an den ursprünglichen Bau des Tempels erinnern, der durch den Gott selbst dorthin getragen worden war.
- Der Dreifuß:
  Warum ausgerechnet er für das Orakel so außerordentlich wichtig war, weiß man nicht. Ursprünglich handelt es sich um einen Gebrauchsgegenstand: ein dreibeiniges Untergestell,

auf dem ein Kessel stand. Er soll nach Aussage einiger Schriftsteller über einem Erdspalt gestanden haben.

Mit der Erwähnung des Dreifußes kehren wir nun wieder zur Befragungszeremonie zurück: Auf dem Dreifuß soll die weissagende Pythia Platz genommen haben, während sie die Orakelsprüche erteilte. Bei der Pythia handelte es sich um eine Frau aus gut beleumundeter delphischer Familie. Die soziale Stellung scheint für ihre Wahl keine Rolle gespielt zu haben. Ursprünglich wurde sie schon als junges Mädchen geweiht; später bevorzugte man ältere Frauen. Das Amt wurde auf Lebenszeit verliehen. Die Pythia wohnte im Heiligtum. Ihr war eine strenge Lebensführung und rituelle Reinheit vorgeschrieben.

Man weiß nicht recht, wie man sich den Kontakt zwischen ihr und dem Klienten vorzustellen hat. Konnte der Klient sie sehen, oder hörte er sie nur? Welche Rolle spielten die Priester dabei, bei denen es sich im Gegensatz zur Pythia um hochgebildete Männer handelte? Bei vielen schwierigen, politischen Antworten, z.B. denen, die im Zusammenhang mit der griechischen Kolonisation standen, kann man sich nicht vorstellen, dass sie wirklich von der Pythia allein gegeben worden sind. Hatten da vielleicht doch auch die Priester ihre Hand im Spiel, oder sollten sie nur als Dolmetscher gedient haben?

Tatsache ist, dass in klassischer Zeit nicht hinterfragt wurde, auf welche Weise die Pythia den Willen des Gottes vernehmen konnte. Für Platon etwa war klar, dass die Priesterin vom Gott begeistert (enthusiasmiert) wurde. In seinem *Phaidros* unterscheidet Sokrates vernünftiges Verhalten von gottbegeistertem, wahnsinnigem Verhalten. (265a9:) *Von Wahnsinn aber gibt es zwei Arten, die eine durch men-*

schliche Krankheiten verursacht, die andere durch gottbewirkte Herauslösung aus den gewohnten Ordnungen.

Diese göttliche Begeisterung unterteilt er wiederum in vier Arten, jeweils einer bestimmten Gottheit zugeordnet. Die erste davon ist die göttliche Inspiration, die Apollon zugeschrieben wird.

Im selben Dialog hatte Sokrates schon vorher festgestellt:

(244a5-b5:) *Nun werden uns aber die wertvollsten Güter durch göttliche Begeisterung zuteil, die uns als göttliches Geschenk verliehen wird. Denn die Prophetin in Delphi und die Priesterinnen in Dodona haben in ihrem göttlichen Wahn in privaten und öffentlichen Angelegenheiten unserem Land viel Gutes getan; wenn sie aber bei Verstand waren, fast gar nichts. Und wenn wir die Sibylle nennen wollten und alle die anderen, die im Besitz göttlicher Sehergabe vielen Menschen mit ihren vielen vorausdeutenden Sprüchen den rechten Weg in die Zukunft wiesen, dann finden wir wohl kein Ende und sagen nur Allbekanntes.*

Ähnliches sagt Platon im *Ion*: Dort erklärt Sokrates einem jungen Rhapsoden, dass er und auch die Dichter, die er rezitiert, ihren Erfolg nicht irgendeinem Fachwissen, sondern göttlicher Eingebung zu verdanken hätten. Er fährt dann fort (534c/d):

Deshalb aber raubt der Gott ihnen den Verstand und benutzt sie als seine Diener, sie und die Orakelkünder und die göttlichen Seher, damit wir, die wir zuhören, wissen, dass nicht sie es sind, die so wertvolle Dinge sagen – denn sie sind ja nicht mehr bei Verstand; vielmehr ist es der Gott selbst, der durch sie hindurch spricht. Seine Stimme ist es, die zu uns dringt.

So weit Platon.

Wir würden vielleicht sagen, dass die Pythia in Trance gefallen sei und dem Gott als Medium diente. Doch gab es dafür äußere Einflüsse, die diesen Zustand begünstigen oder beschleunigen konnten? Welche Rolle spielten in diesem Zusammenhang der Lorbeer und die Quelle Kassotis und welche etwa betäubende Dämpfe, die aus dem Erdspalt hervortraten, auf dem der Dreifuß stand?

Diese Frage wurde erst in späterer Zeit gestellt. Man könnte auch das Vorhandensein solcher Gase durch einen alten Mythos bestätigen. Ausgesprochen finden wir die Vermutung erst bei Plutarch im 2. Jahrhundert nach Christus. Doch es wird bezweifelt, dass er als langjähriger Apollonpriester solche Interna hätte wahrheitsgemäß an die Öffentlichkeit bringen dürfen. Ein weiteres Gegenargument ist, dass durch die Grabungen ein Austritt von Gasen nicht bestätigt werden konnte. Dagegen wenden die Befürworter ein, dass dort, wo eine Quelle im Laufe der Jahrhunderte versiegt ist, sich auch ein solcher Erdspalt in dieser tektonisch so virulenten Gegend wieder verschlossen haben könnte.

Sie sehen: Es gibt Fragen ohne Ende. Um Sie aber nicht nur mit Theorie zu langweilen, möchte ich Ihnen eine Partie aus dem Werk Herodots, des „Vaters der Geschichtsschreibung", vorführen. Dieser lebte von 484 bis 425 v. Chr. und stammte aus dem kleinasiatischen Halikarnass, dem heutigen türkischen Bodrum. Anders als die meisten seiner Vorgänger konnte er viel aus eigener Erfahrung, also von selbst Erlebtem berichten; denn er hatte viele Länder bereist. Sein neunbändiges Geschichtswerk stellte er unter den Gesamtaspekt der Auseinandersetzung zwischen Asien und Europa, die ihren Höhepunkt in den Perserkriegen fand.

Herodot beginnt seine Darlegung mit der Frage: Welches sind die Ursachen des Zerwürfnisses zwischen Griechen und „Barbaren", also den Nichtgriechen? Nach Ansicht der Perser basierte die Feindschaft vor allem auf alten Mythen und Sagen. Herodot dagegen sieht die Ursache in menschlichem Fehlverhalten und benennt Kroisos als Urheber dieser Auseinandersetzung.

Kroisos ist eine geschichtliche Persönlichkeit. Er war der letzte König von Lydien und hatte im Jahre 560 v. Chr. den Thron bestiegen. Er eroberte die griechischen Städte in Kleinasien und beherrschte darauf das Gebiet bis zum Fluss Halys, dem Grenzfluss zum Perserreich. Andererseits war er aber auch sehr griechenfreundlich und bediente sich häufig griechischer Orakel, besonders oft aber des delphischen. Ihm stiftete er viele kostbare Geschenke, die Herodot noch zum großen Teil selbst in Delphi gesehen hat.

Ich will Ihnen die Geschichte des Kroisos so vortragen, wie sie uns Herodot erzählt. Ein besonderes Augenmerk soll dabei auf den Passagen liegen, aus denen wir Kenntnisse über den Umgang mit dem Delphischen Orakel gewinnen können. Dabei werden Sie aber auch etwas über die Art erfahren, wie Herodot Geschichte schreibt: Mag man zunächst auch den Eindruck haben, dass er wie ein Geschichtenerzähler in großer Fabulierlust nur eine Begebenheit an die andere reiht, so stellt man am Ende doch fest, dass alles, was uns vielleicht als Umweg erscheint, zum Schluss doch für das Gesamtverständnis notwendig war. Aber sehen Sie selbst:

Der erste Herrscher aus dem Geschlecht des Kroisos war Gyges. Durch ihn wurde das vorher in Lydien herrschende Geschlecht der Herakliden abgelöst. Wie das geschah, erfahren wir aus folgender Geschichte:

Gyges war ursprünglich ein Leibwächter seines Vorgängers, des letzten Heraklidenherrschers Kandaules. Dieser war sehr stolz auf seine wunderschöne Frau und wollte ihre Schönheit durch seinen Leibwächter bestätigt wissen. Er hatte vor, sie ihm einmal nackt zu zeigen. Aus Anstand versuchte Gyges, dem zu entgehen; er hatte jedoch keine Chance; denn Kandaules legte ihm gleich einen – wie er meinte – ausgereiften Plan vor: Er postierte Gyges eines Abends hinter der geöffneten Tür seines Schlafzimmers. Nachdem er selbst zu Bett gegangen war, erschien auch seine Frau. Während sie sich auszog, legte sie ihre Kleider auf einen nahe der Tür stehenden Schemel, so dass Gyges sie ausgiebig betrachten konnte. Nach dem Willen des Kandaules sollte er in dem Moment, in dem ihm die Frau ihren Rücken zukehrte, um ins Bett zu gehen, heimlich aus dem Zimmer schleichen, ohne von ihr gesehen zu werden. – Doch die Frau sah ihn, sagte aber nichts, weil sie ahnte, dass ihr Mann selbst den Eindringling bestellt hatte.

Am Tag darauf lässt sie Gyges zu sich kommen und fordert ihn auf, ihren Ehemann zu töten, sie selbst zu heiraten und damit die Herrschaft über Lydien zu übernehmen; anderenfalls müsse er selbst sterben, weil er etwas gesehen habe, was er nicht hätte sehen dürfen. So entschließt sich Gyges, seinen Herrn zu töten. Doch die Mehrzahl der Lyder nimmt ihm das übel. Man einigt sich schließlich mit den Anhängern des Gyges darauf, die Rechtmäßigkeit seiner Herrschaft vom Delphischen Orakel überprüfen zu lassen.

(1,13,2:) *Das Orakel bestätigte Gyges, und so wurde er König. Allerdings fügte die Pythia noch hinzu, dass den fünften Nachkommen des Gyges die Rache der Herakliden treffen werde. Um die-*

se Vorhersage kümmerten sich die Lyder und ihre Könige nicht, bis sie in Erfüllung gehen sollte.

Gyges schickte darauf viele kostbare Weihegaben nach Delphi. Herodot hat sie dort noch im Schatzhaus der Korinther sehen können. Wir erfahren von ihm auch, dass Gyges der erste Nichtgrieche gewesen ist, der Geschenke dorthin brachte. Auch die auf ihn folgenden Herrscher folgten seinem Beispiel.

Als Kroisos als fünfter Nachkomme des Gyges an die Macht kam, unterwarf er die kleinasiatischen Griechen und erwarb sich dadurch noch mehr Reichtum. In der Folge wurde er von vielen griechischen Gelehrten besucht, so auch von Solon aus Athen. Dieser hatte den Athenern neue Gesetze gegeben und war anschließend auf Reisen gegangen, um die Welt zu sehen und auf diese Weise Aufhebung oder Änderung seiner Gesetze zu verhindern. Kroisos nimmt den Weisen gastlich auf und fragt ihn, wen er für den glücklichsten Menschen halte. Doch sehr enttäuscht ist er darüber, dass Solon nicht, wie erwartet, ihn nennt, sondern andre ihm nicht bekannte Privatpersonen. Auf sein nachsetzendes Fragen bekommt er die Antwort, dass man niemanden vor seinem Tode glücklich schätzen dürfe. Kroisos entlässt den Weisen, ohne ihn noch eines Blickes zu würdigen.

Nach dem Besuch Solons bahnt sich für Kroisos das erste Unglück an: Er verliert einen seiner beiden Söhne, und zwar den, der sein eigentlicher Erbe war; denn der andere war durch Taubstummheit behindert. – Nach zweijähriger Trauer glaubte Kroisos, wieder in die Politik eingreifen zu müssen: Der Perserkönig Kyros hatte sich das Land Medien einverleibt; Kroisos fürchtet deshalb das weitere

Anwachsen der persischen Macht und spielt mit dem Gedanken, gegen die Perser zu Felde zu ziehen.

Doch vor einer so wichtigen Entscheidung wollte er ein Orakel um Rat fragen. Um ganz sicher zu sein, dass ihm ein zuverlässiger Orakelspruch zuteilwürde, stellte er zunächst sieben Orakelstätten auf die Probe. Dazu schickte er Boten aus, die jeweils das Orakel, zu dem sie gesandt worden waren, am 100. Tag nach ihrer Aussendung fragen sollten, was Kroisos an eben diesem Tage tue. Von allen dazu ergangenen und von den Gesandten aufgezeichneten Sprüchen erwies sich – neben einem anderen – nur der delphische Spruch als zutreffend.

Daraufhin schickt Kroisos große Weihgeschenke nach Delphi. – Sie alle wurden noch später von Herodot im Schatzhaus der Korinther vorgefunden. – Die Boten, die diese Geschenke zur Orakelstätte brachten, hatten nun auch den Auftrag, das Orakel zu fragen, ob Kroisos gegen die Perser zu Felde ziehen solle. Die Pythia antwortet, wenn Kroisos gegen die Perser ziehe, werde er ein großes Reich zerstören. Daraufhin beschenkt Kroisos alle delphischen Bürger mit einer großzügigen Summe. Als Gegengabe erhält er dafür die *Promantie*, das bedeutete, dass er in Zukunft das Orakel von allen Ratsuchenden als erster befragen durfte. Außerdem bekam er die *Atelie*, das heißt, dass er vor der Befragung keine Gebühren mehr entrichten musste, und schließlich noch die *Prohedrie*, was bedeutete, dass er die Veranstaltungen der Pythischen Spiele von einem Ehrenplatz des Theaters aus verfolgen durfte. Daraufhin – so sagt Herodot – habe er das Orakel sehr häufig befragt.

So stellte er gleich im Anschluss noch die Frage, ob seine Herrschaft lange andauern würde, wohl um über die vorangegangene Antwort größere Klarheit zu gewinnen. Er bekam zur Antwort, dass er dann, wenn ein Maulesel König der Perser wäre, sich nicht scheuen solle, feige zu fliehen. Der König freut sich über diese Antwort und glaubt, sie so deuten zu können, dass er selbst und seine Nachkommen die Herrschaft nicht verlören; denn dass ein Maulesel jemals zum König würde, hielt er für unmöglich. Den zweiten Teil des Spruchs lässt er unbeachtet.

Während Kroisos gegen die Perser rüstete, bekam er auch einen Rat von einem lydischen Weisen. Dieser machte den König darauf aufmerksam, dass die Perser ein einfaches Leben führten und vom Luxusleben der Lyder weit entfernt seien. Was also glaube er, durch einen Krieg gegen sie zu erreichen, was ihnen wegnehmen zu können? – Diese Aussage ist kulturgeschichtlich von großem Interesse, galten doch später die Perser gegenüber den Griechen als die reichen, prunkliebenden Orientalen, während sie zur Zeit des Kroisos offenbar noch zu den Naturvölkern zählten.

Kroisos lässt sich nicht von seinem Vorhaben abbringen und überschreitet mit seinem Heer den Halys, den Grenzfluss zwischen den beiden Reichen. Nach anfangs unentschiedenem Kampf zieht er sich wieder in seine Hauptstadt Sardes zurück; er will von dort aus alle Verbündeten (Ägypter, Babylonier, Spartaner) mobilisieren und entlässt sein Lyderheer. Die Perser ergreifen die Gelegenheit, Sardes zu bestürmen, das sie schließlich nach 14-tägiger Belagerung einnehmen. Der Perserkönig Kyros befiehlt, alle Lyder zu töten, Kroisos aber lebend gefangen zu nehmen.

In diesem Zusammenhang spielt nun der taubstumme Sohn eine Rolle, um den sich Kroisos in seinen glücklichen Jahren sehr gekümmert hatte. Unter anderem hatte er wegen seiner Taubstummheit eine Anfrage in Delphi gestellt. Die Pythia hatte geantwortet, dass dieser Sohn erst von dem Tag an sprechen werde, an dem seinen Vater ein großes Unheil befallen habe. Als nun die Perser die Festung eingenommen hatten und einer von ihnen mit dem Schwert auf Kroisos zuging, um ihn zu töten, ließ der bis dahin stumme Sohn als seine ersten Worte hören (1,85,4): *Mann, töte den Kroisos nicht!*

So wurde Kroisos lebend gefangen genommen. Kyros ließ ihn einen großen Scheiterhaufen besteigen und diesen anzünden. Da kamen dem Kroisos die Worte Solons in den Sinn, dass keiner vor seinem Ende glücklich genannt werden dürfe, und er rief dreimal laut den Namen des Weisen aus. Von Kyros durch Dolmetscher nach dem Grund befragt, antwortete er nach langem Zögern (1,86,4):

Großem Reichtum hätte ich es vorgezogen, wenn Solon mit allen Herrschern ein Gespräch geführt hätte.

Auf Nachfrage erzählte er dem Perserkönig dann von seinem Treffen mit Solon und dass er nun glaube, dass der Weise damals nicht nur ihn, Kroisos, gemeint habe, sondern das ganze Menschengeschlecht und vor allem diejenigen, die sich selbst für glücklich hielten. Kyros habe daraufhin befohlen, das Feuer, das den Scheiterhaufen bereits in Brand gesetzt hatte, zu löschen. Doch das gelang – trotz aller Bemühungen – nicht. Darauf habe Kroisos zum Gott des Delphischen Orakels, Apollon, gebetet, er möge ihn aus dieser großen Not retten. Durch einen plötzlichen Wolkenbruch seien die Flammen gelöscht worden.

Kyros habe daraus entnommen, dass Kroisos ein von Gott geliebter Mann sei; er habe ihn vom Scheiterhaufen herunterführen lassen und ihn gefragt, wer ihn dazu angestiftet habe, gegen ihn zu Felde zu ziehen. Die Antwort des Kroisos lautete:

Ich habe dies zu deinem Glück und zu meinem Unglück unternommen. Der Gott der Griechen war freilich schuld daran, da er mich aufgefordert hat, in den Krieg zu ziehen. Niemand ist nämlich so unverständig, den Krieg dem Frieden vorzuziehen. Denn im Frieden bestatten die Söhne ihre Väter, im Krieg aber die Väter ihre Söhne. Das dies aber so geschah, muss einer Gottheit willkommen gewesen sein (1,87,3f.).

Kyros nahm ihm darauf die Fesseln ab und behandelte ihn mit äußerster Rücksicht. Kroisos wird nun geradezu zu seinem Berater: Er macht den Perserkönig darauf aufmerksam, welche Folgen die Plünderung des von ihm eroberten Sardes durch seine Soldaten haben würde: Die Perser würden in der Folge ebenso verweichlicht wie sein Volk der Lyder. Kyros stellt Kroisos einen Wunsch frei. Darauf Kroisos:

Herrscher, du wirst mir einen Gefallen erweisen, wenn du mir erlaubst, dem Gott, den ich am meisten unter den griechischen Göttern verehrt habe, diese Fußfesseln zu schicken und ihn zu fragen, ob es für ihn normal sei, diejenigen zu täuschen, die ihm Gunst erweisen (1,90,2).

Kyros ist einverstanden. So schickt Kroisos Lyder nach Delphi; sie sollten seine Fesseln auf die Schwelle des Tempels legen und fragen (1,90,4),

ob sich der Gott nicht irgendwie schäme, durch seine Orakelsprüche Kroisos zu einem Feldzug gegen die Perser ermuntert zu haben, damit er das Reich des Kyros zerstöre, aus dem er solche Beutestücke erhalte habe.

Während er das sagte, zeigte er auf die Fußfesseln. Außerdem sollten die Gesandten fragen, *ob es bei den griechischen Göttern Brauch sei, undankbar zu sein.* Kroisos bekommt vom Gott durch die Pythia eine ausführliche Antwort, durch die ihm selbst die Schuld zugesprochen wird und nicht dem Gott. Die Pythia sagt:

- Selbst ein Gott könne nicht dem über ihn verhängten Schicksal entrinnen: Kroisos aber musste in der fünften Generation den Frevel seines Vorfahren Gyges sühnen.
- Soviel die Schicksalsgöttinnen zuließen, habe ihm der Gott gewährt: Denn er habe die Einnahme von Sardes um drei Jahre hinausgezögert und Kroisos vom Scheiterhaufen gerettet.
- Was den Orakelspruch betreffe, so habe Kroisos falsche Vorwürfe gegen den Gott erhoben: Er hätte nach dem Spruch, der ihm die Zerstörung eines Reichs zugesagt habe, ein zweites Mal fragen müssen, welches Reich damit gemeint sei.
- Auch den Orakelspruch über den Maulesel habe er nicht verstanden: Mit dem Maulesel habe der Gott den Perserkönig Kyros gemeint; denn er stamme von einem ungleichen Elternpaar ab. Die Mutter sei eine begüterte Mederin, der Vater ein armer Perser gewesen.

Als Kroisos das gehört hatte, erkannte er, dass nicht der Gott schuld war an seinem Unglück, sondern er selbst (1,91,6).

So weit Herodot.

Wir bekommen in diesem Text einen Einblick in den Umgang des damaligen Menschen mit der Gottheit. Dieser werden menschliche Eigenschaften unterstellt. Man fühlte sich berechtigt, für eine Gabe an den Gott eine Gegengabe zu verlangen. Wenn diese Gegengabe nicht erfolgte, glaubte man, den Gott der Lüge und der Undankbarkeit zeihen zu dürfen.

Vor dieser menschlichen Überhebung wollten die Aussprüche der Weisen warnen, die die Eintretenden in der Tempelvorhalle zu lesen bekamen. *Erkenne dich selbst!* sollte darauf hinweisen, dass menschlicher Dünkel nicht hinnehmbar ist. Schließlich bat hier ja ein in seinem Wissen begrenzter Mensch den allwissenden Gott um Rat. Für den Fall, dass er die Antworten des Orakels missdeutete, obwohl er im Zweifelsfall seine Frage hätte wiederholen und präzisieren können, musste er die Schuld für die möglichen Folgen bei sich selbst suchen.

Vielleicht erinnern Sie sich jetzt daran, dass Sokrates in Platons *Staat* immer wieder sagt: „Gott kann nur gut sein". Er kann also nicht schuld sein an dem Unglück, das die Menschen trifft. Sokrates will ja deshalb sogar diejenigen unter den großen griechischen Dichtern aus seinem Staat verbannen, die die Götter lächerlich machten, indem sie ihnen allzu menschliche Eigenschaften andichteten.

Auch sonst erfreut sich der delphische Gott bei Platon großer Wertschätzung: Denken Sie an Sokrates, der es als seine Aufgabe ansah, den Orakelspruch, der ihn zum weisesten aller Menschen erklärte, zu überprüfen und gegebenenfalls zu bestätigen. So befragte er unermüdlich die scheinbar Weisen und wies nach, dass sie eben nicht weise waren. Das tat er zunächst mit dem Ziel nachzuprüfen, ob der Gott in diesem Fall überhaupt Recht haben konnte oder gar Unrecht hatte. Als er dann aber keinen fand, der zu Recht behauptete, weise zu sein, sah er ein, dass menschliche Weisheit nur in der Erkenntnis bestehe, dass der Mensch nichts wissen kann; denn nur der Gott ist weise.

So wie Sokrates diesen Spruch gründlich geprüft hat, sollte auch alles andere geprüft werden, was durch die Pythia als göttliches Medium dem Ratsuchenden verkündet wurde; geprüft werden, nicht im Sinne einer Kontrolle des Gottes oder einer Kritik an der Art der Übermittelung seines Willens, sondern an dem Maßstab der im Vortempel zu lesenden Maximen, allen voran dem *Erkenne dich selbst!*

Literatur:

Herodoti Historiae, hrsg. von Carolus Hude, Oxford 1957

Herodot, Historien, Griechisch/Deutsch, Buch 1, hrsg. v. K. Brodersen, übers. Von Christine Ley-Hutton, Stuttgart 2007

Schadewaldt, Wolfgang: Der Gott von Delphi und die Humanitätsidee, Frankfurt/M. 1990

ders.: Die Anfänge der Geschichtsschreibung bei den Griechen, Frankfurt/M. 1982

Melas, Evi: Delphi, Die Orakelstätte des Apollon, Köln 1990

Dodds, E.R.: Die Griechen und das Irrationale, Darmstadt 1991 (2. Aufl.)

Giebel, Marion: Das Orakel von Delphi, Geschichte und Texte, Griechisch/ Deutsch, Stuttgart 2001

Rosenberger, Veit: Griechische Orakel. Eine Kulturgeschichte, Darmstadt 2001

Maaß, Michael: Das antike Delphi, München 2007

Von der Autorin sind in derselben Reihe bei BoD auch folgende Broschüren mit populärwissenschaftlichen Vorträgen erschienen:

- 2010: **Seneca und Plinius**, Zwei Vorträge zu antiken Themen im Stadtmuseum Quakenbrück: ISBN: 978-3-8391-6181-4 (*Der erste Vortrag bietet eine Einführung in Senecas Philosophie an Hand der Trostschrift für seine Mutter Helvia; der zweite stellt den Jüngeren Plinius vor und hat seine beiden Briefe über den Vesuvausbruch im Jahr 79 zum Schwerpunkt.*)
- 2011: **Weltall, Erde und Mensch bei Plinius dem Älteren**: Ohne ISBN (erhältlich im BoD-Shop: *Thema sind Leben und Werk Plinius´ des Älteren. Im Mittelpunkt steht seine große naturwissenschaftliche Enzyklopädie, die „Naturalis Historia". Nach einem Seitenblick auf die Herstellung eines antiken Buches geht es besonders um die Vorstellungen von Kosmos, Erde und Mensch im ersten nachchristlichen Jahrhundert, die uns Plinius in seinem Werk vermittelt.*)
- 2012: **Atlantis – Phantom oder Wirklichkeit?** Wie ein Text aus dem vierten vorchristlichen Jahrhundert noch heute die Wissenschaft in Atem hält: ISBN: 978-8448-1118-6 (*Im Mittelpunkt steht die Atlantis-Erzählung des griechischen Philosophen Platon. Die Frage, ob sie auf historisch-geografischen Tatsachen beruht oder eine Fiktion ist, hat schon viele Generationen beschäftigt. Einen besonderen Reiz hat sie für die späteren Interpreten dadurch bekommen, dass die Insel in Folge einer weltweiten Katastrophe an nur einem Tag im Meer versunken sein soll. Diejenigen, die Insel und Katastrophe für historisch halten, haben natürlich die Beweislast und müssen ihre Hypothesen historisch-geografisch und naturwissenschaftlich untermauern.*)
- 2013: **Weiß auch ich, dass ich nichts weiß?** – Gedanken zu Sokrates und Platon: ISBN: 978-3-8482-5785-0 (*Anhand der „Apologie des Sokrates" Platons sowie seiner Dialoge Euthyphron, Theätet, Kriton, Phaidon und des Höhlengleichnisses im „Staat" wird der Frage nachgegangen, was es mit dem Ausspruch des Sokrates „Ich weiß, dass ich nichts weiß" auf sich hat.*)

- 2014: **Gerechtigkeit unter der Lupe** – Was wir in Platons „Staat" über Gerechtigkeit und Ungerechtigkeit erfahren: ISBN: 978-3-7322-8403-0 (*Der Titel dieses Vortrags erklärt sich daraus, dass Sokrates in Platons „Staat" für eine Definition von Gerechtigkeit beim einzelnen Menschen die Gerechtigkeit im Staat quasi als Vergrößerungsglas benutzt. Dafür lässt er vor seinen Zuhörern das Bild eines neuen, eines gerechten Staates entstehen. Gefragt, ob die Verwirklichung eines solchen Staates möglich sei, nennt Sokrates drei Bedingungen dafür: die Gleichberechtigung der Frau, Frauen- und Kindergemeinschaft und die Herrschaft von wahren Philosophen.*)

- Die beiden ersten Broschüren sind 2014 in dem Sammelband mit dem Titel **Seneca – stoischer Betonkopf oder einfühlsamer Lebensberater?** erschienen: ISBN: 978-3-7357-3705-2